GUIDE

DES

FAMILLES

CADEAU

MARIAGE

A. BONNE & Cie

TAILLEURS

AU GRAND-HOTEL

A. BONNE et Cie, tailleurs, 12, boulevard des Capucines, maison du Grand-Hôtel.
PETIT, BLAY et Cie, chemisiers, r. Cardinal-Fesch, 15, maison des Omnibus.

MAISON NEUBURGER

2 bis et 4, *rue Vivienne*

Fournisseur de la Marine impériale.

LAMPES marchant douze heures sans être remontées

OBJETS D'ART

NEUBURGER

Médaille de 1re Classe à l'Exposition Univers[lle]

Médaille d'Argent de la Société d'Encour[nt]

Lustres, Suspensions, Appareils de Billards, Pendules, Candélabres, Galeries de feu, Flambeaux, Bronzes d'art.

Grande Médaille d'Or.

LÉMONON AINÉ, Successeur

FABRIQUE DE LAMPES.

A. BONNE et Cie, tailleurs, 12, boulevard des Capucines, maison du Grand-Hôtel.

PETIT, BLAY et Cie, chemisiers, r. Cardinal-Fesch, 15, maison des Omnibus.

A L'ÉLYSÉE

MAISON FONDÉE EN 1800

6, Faubourg Saint-Honoré, 6 (près la rue Royale).

MAGASINS DE NOUVEAUTÉS

Soieries.	Châles.
Etoffes nouvelles.	Confections.
Toiles.	Fourrures.
Trousseaux depuis 500 fr.	Layettes depuis 150 fr.
ROBES toutes faites depuis 20 f.	**ROBES** sur mesures en 12 h.

Ateliers et Salons d'essai

CORBEILLES DE MARIAGES

ENGLISH SPOKEN

FOURNISSEUR		FOURNISSEUR
DE		DE
LA COUR		S. M. L'IMPÉRATRICE

DUTEIS

FLEURS ET FEUILLES ARTIFICIELLES

4, Rue Neuve-Saint-Augustin

PARURES **COIFFURES**

PATISSERIE LANÇON

134, rue d'Aboukir, anc. rue Bourbon-Villeneuve, 56

Cette maison, justement renommée pour la spécialité des vol-au-vent à la Béchamelle, traite aussi à forfait pour les repas de corps, noces et petits dîners de famille, fait aussi les entrées détachées les plus variées à l'instar des maisons de comestibles.

NOTA. — M. LANÇON appelle surtout l'attention des amateurs et des connaisseurs sur la supériorité incontestable de ses pâtés, que la vogue met au-dessus des meilleures réputations en ce genre, tant par le choix exceptionnel des comestibles intérieurs que par le fondant de la croûte, qui en font une pièce de résistance aussi confortable que légère à l'estomac. — Grande exactitude.

La Maison fait les dîners pour la Province et fournit tout le matériel pour le service de table, et aussi les maîtres d'hôtel. — Vins fins de [illegible]us les crus.

A. BONNE et Cie, tailleurs, 12, boulevard des Capucines, maison du Grand-Hôtel.

PETIT, BLAY et Cie, chemisiers, r. Cardinal-Fesch, 15, maison des Omnibus.

GUIDE DES FAMILLES — CADEAU DE MARIAGE.

PUBLIÉ PAR PAUL AGNUS

Bureau : rue du Faubourg-Saint-Denis, 55, Paris.

GUIDE

DES

FAMILLES

CADEAU DE MARIAGE

Le but de cette brochure est de renseigner les fiancés sur les formalités et usages qu'ils ont à remplir, les démarches à faire chez le notaire, à la mairie, à l'église, et de les guider dans les achats de la *corbeille*, du *trousseau*, et de *l'ameublement*.

En effet, la célébration du mariage, à l'église et à la mairie, est précédée de formalités indispensables, à l'accomplissement desquelles on ne parvient généralement qu'au prix de démarches incessantes, de courses inutiles, se traduisant toutes par des contrariétés, des ennuis et des

SPÉCIALITÉ DE COIFFURES DE MARIÉES

LEROY, RANDON Sr

COIFFEUR — FLEURISTE

Rue de Seine, 54. — **Rue de Seine, 54.**

5, RUE D'ENGHIEN

—

1867

Ane Mon PAILLÉ

FONDÉE EN 1847

1867

OR

P. RAIMOND, Sr

ARGENT

Professeur de coiffures des écoles de Paris, membre du jury des grands concours, Deux diplômes de capacité, hors de tous concours.

INNOVATEUR DE LA COIFFURE MODERNE

Médailles d'or de 1re classe et d'argent obtenues en 1867.

Fleurs pour mariées et soirées, cheveux de 1er choix

LOCATION DE VOILES, 5, RUE D'ENGHIEN, PRÈS LA PORTE SAINT-DENIS.

CHEVEUX ADHÉRENTS ET MOBILES

SANS BRANCHES

Mme ANSELME

50, rue Neuve-des-Petits-Champs (à l'entresol), **50**

Par ce système breveté, toute femme peut garder ses cheveux éternellement, se coiffer devant tout le monde, sans qu'on puisse rien soupçonner. Elle-même oublie qu'elle a de faux cheveux.

COIFFEUR DE MARIÉES

AUGUSTE VERET

Couronnes, Fleurs d'Orangers, depuis 10 fr.

416, RUE SAINT-HONORÉ

A. BONNE et Cie, tailleurs, 12, boulevard des Capucines, maison du Grand-Hôtel.

PETIT, BLAY et Cie, chemisiers, r. Cardinal-Fesch, 15, maison des Omnibus.

pertes de temps; or, quel gré ne saurait-on pas à qui pourrait adoucir l'amertume de ces fastidieux préliminaires en indiquant dans un résumé net, clair et succinct, toutes les pièces à produire, soit pour le mariage civil, soit pour le mariage religieux, ainsi que les usages antérieurs ou postérieurs au mariage, auxquels les convenances et le bon goût font une loi de se conformer?

L'esprit des fiancés, affranchi promptement de la procédure du mariage, pourrait alors s'arrêter à loisir sur la pensée du prochain hymen, savourer par avance toutes les joies qu'il promet, et consacrer ainsi aux effusions du cœur un temps que l'accomplissement des formalités ne réclamerait plus.

Tout en respectant les proportions modestes de cet Indicateur, nous ne croyons pas inutile de rappeler les formalités dont l'application est la plus usuelle, et celles dont l'ignorance pourrait entraîner, dans certains cas, de graves inconvénients.

Tel est notre but, dont l'utilité pratique est notre seule recommandation à la bienveillance du lecteur.

AUX FIANCÉS

MAISON DE CONFIANCE

BIJOUTERIE

HORLOGERIE

Orfèvrerie

ACCORDS

POUR MARIAGES

PARIS

16, RUE DE TURBIGO, 16

PRÈS LA RUE SAINT-DENIS

La **MAISON DES FIANCÉS** met en vente un **choix considérable de Marchandises** aussi varié que de bon goût, à des prix au-dessous de ceux cotés par les maisons **réputées** pour vendre bon marché.

CHAINES EN OR VENDUES AU POIDS, PESÉES CONTRE DES PIÈCES D'OR

BIJOUTERIE

Alliances en or contrôlé, la pièce..............	**3 50**
Pièces de Mariage argent, la pièce..............	**1 25**

ARGENTERIE DE TABLE

Vendue au poids.

HORLOGERIE

SEULE MAISON OFFRANT DES

Montres d'argent, cylindre, 8 rubis.................	**17 »**
Montres d'or, cylindre, 8 r.	**57 »**
Pendules à sonnerie, à sujet doré avec socle et cylind.	**35 »**

MONTRES A REMONTOIR EN OR de **100** à **1500** fr.

Grand choix de Parures complètes pour Mariage, avec Camées durs, Diamants et Pierres fines. — Achat d'or, d'argent et pierres fines.

HORLOGERIE GARANTIE PENDANT TROIS ANS.

ÉCHANGE DE TOUT ARTICLE AYANT CESSÉ DE PLAIRE.

A. BONNE et Cie, tailleurs, 12, boulevard des Capucines, maison du Grand-Hôtel.

PETIT, BLAY et Cie, chemisiers, r. Cardinal-Fesch, 15, maison des Omnibus.

CONTRATS DE MARIAGE

OU

RÈGLEMENT DES INTÉRÊTS PÉCUNIAIRES DES ÉPOUX

Il s'agit ici de convention reçue par un notaire dans la forme ordinaire des actes notariés, et par laquelle les futurs époux réglementent leurs intérêts pécuniaires.

CODE NAPOLÉON.

« Art. 1394. — Toutes conventions matrimoniales seront rédigées avant le mariage par acte devant notaire.

» Art. 1395. — Elles ne peuvent recevoir aucun changement après la célébration du mariage. »

Le motif qui a dicté cette double disposition est facile à comprendre. La loi a voulu assurer l'immutabilité des conventions matrimoniales. Elle obtient ce résultat par un acte authentique, dont la minute reste déposée dans l'étude du notaire qui l'a reçu, et par la nullité des changements postérieurs à l'acte du mariage. Avant la célébration, chaque futur jouit d'une indépendance parfaite, ce qui lui permet de défendre et de débattre utilement ses intérêts. Il n'en est plus de même après la célébration : l'un des deux époux est souvent influencé, dominé par l'autre. On comprend dès lors que le législateur ait défendu d'apporter, passé cette époque, aucun changement au contrat de mariage.

PUBLICITÉ.

Le Code Napoléon ne contient aucune disposition relative à la publication du contrat de mariage.

Cependant, les tiers, dans une multitude de cas, ont le plus grand intérêt à connaître les clauses et les dispositions de ces contrats.

Une loi toute récente (Loi du 10 juillet 1850) est venue combler cette lacune.

La voici textuellement :

LOI RELATIVE A LA PUBLICATION DES CONTRATS DE MARIAGE.
(10 juillet 1850.)

« Art. 75. — L'officier de l'état civil interpellera les futurs époux, ainsi que les personnes qui autorisent le mariage, si elles sont présentes, d'avoir à déclarer s'il a été fait un contrat de mariage; dans le cas de l'affirmation, la date de ce contrat, ainsi que les noms et lieu de résidence du notaire qui l'aura reçu.

» Art. 76, § 10. — La déclaration faite sur l'interpellation prescrite par l'article précédent, qu'il a été ou qu'il n'a pas été fait de contrat de mariage, et, autant que possible, la date du contrat, s'il existe, ainsi que les noms et lieu de résidence du notaire qui l'aura reçu, le tout à peine, contre l'officier de l'état civil, de l'amende fixée par l'art. 50. — Dans le cas où la déclaration aurait été omise, ou serait erronée, la rectification de l'acte, en ce qui touche l'omission ou l'erreur, pourra être demandée par le procureur impérial, sans préjudice des droits des parties intéressées, conformément à l'art. 99.

» Art. 1391. — Toutefois, si l'acte de célébration de mariage porte que les époux se sont mariés sans contrat, la femme sera réputée, à l'égard des tiers, capable de contracter, dans les termes du droit commun, à moins que dans l'acte qui contiendra cet engagement elle n'ait déclaré avoir fait un contrat de mariage.

» Art. 1394. — Le notaire donnera lecture aux parties

AVIS TRÈS-UTILE

LOCATION D'HABITS

POUR MARIAGES, BALS ET SOIRÉES

sans exiger de nantissement

BARBÉ

58, Passage Brady, 58, à Paris

— PRIX MODÉRÉS —

Prière aux Fiancés de communiquer cette annonce à leur famille et à leurs amis

---

CHAPELLERIE

CHALMETTE ET PETIT

131, Boulevard Sébastopol,

PARIS.

CHAPEAUX de cérémonies, depuis 8 fr.

Commandes en tous genres en 24 heures.

PRIX FIXE

BIJOUX EN CHEVEUX

Médaille d'argent

PARIS

BOULEVARD DES ITALIENS, 10

BOULEVARD DES ITALIENS, 10

Prize medal

LONDRES

LEMONNIER

FABRICANT BREVETÉ DE LEURS MAJESTÉS

A LA REINE DES FLEURS

L. T. PIVER

PARFUMEUR DE S. M. L'EMPEREUR

9, BOULEVARD POISONNIÈRE, 9

Assortiment d'articles pour Corbeilles de Mariage. Eventails, Carnets, Porte-monnaie. — Grand assortiment de véritables Gants Jouvin.

PRIX FIXE. ——— PRIX DE FABRIQUE. ——— PRIX FIXE.

A. BONNE et Cie, tailleurs, 12, boulevard des Capucines, maison du Grand-Hôtel.

PETIT, BLAY et Cie, chemisiers, r. Cardinal-Fesch, 15, maison des Omnibus.

du dernier alinéa de l'art. 1391, ainsi que du dernier alinéa du présent article. Le notaire délivrera aux parties, au moment de la signature du contrat, un certificat sur papier libre et sans frais, énonçant les noms et lieu de résidence, les noms, prénoms, qualités et demeures des futurs époux, ainsi que la date du contrat. Ce certificat indiquera qu'il doit être remis à l'officier de l'état civil avant la célébration du mariage. »

Voilà le système de publicité organisé par la loi et applicable à tous les contrats de mariage.

Voici maintenant une disposition spéciale pour les commerçants :

CODE DE COMMERCE.

« ART. 67. — Tout contrat de mariage entre époux dont l'un sera commerçant sera transmis, par extrait, dans le mois de la date, aux greffe et chambres désignés par l'art. 872 du Code de procédure civile, pour être exposé au tableau, conformément au même article.

» Cet extrait énoncera si les époux sont mariés en communauté, s'ils sont séparés de biens, ou s'ils ont contracté sous le régime dotal.

» ART. 68. — Le notaire qui aura reçu le contrat de mariage sera tenu de faire la remise ordonnée par l'article précédent, sous peine de 100 fr. d'amende, et même de destitution et de responsabilité envers les créanciers s'il est prouvé que l'omission soit la suite d'une collusion. »

Disons, pour compléter cette matière, qu'il est d'usage de réunir, dans un dîner qui précède la signature du contrat, les Fiancés, leurs parents et ascendants, les amis intimes, enfin le notaire ou les notaires qui doivent recevoir le contrat et le rédiger. C'est le premier pas dans la voie du mariage ; déjà les intérêts sont confondus, bientôt le OUI sacramentel va lier les deux existences.

MAISONS EN VOGUE

BIJOUTERIE, HORLOGERIE	AUX FIANCÉS 16, rue Turbigo. AU VASE D'OR, E. BARÉ 151, rue Saint-Antoine.
BONBONS SUPÉRIEURS	SIRAUDIN 17, rue de la Paix.
BOURRELETS, tubes caoutchouc, et automobiles pour bas de portes.	Mon CARBONNIER, V. CHALORY Sr. 91, rue de la Victoire.
BROSSERIE MODÈLE	MAISON ROUY, 1, rue Lafayette, ci-devant 28, rue de la Chaussée-d'Antin.
CACHEMIRES DES INDES Soieries, Tapis, etc.	MAURICE DALSÈME Jeune. (Méd. Or et Argent), 9, rue Chauchat.
CHAUSSURES DE LUXE Pour Dames.	J. A. PETIT 334, rue Saint-Honoré.
COUVERTS, Orfèvrerie Ruolz.	Mon TINNENBROCK. Dépôt de métal anglais, 39 et 41, passage Jouffroy.
SPÉCIALITÉ DE CAFÉS	CHARLES NOLAU 137, rue Saint-Antoine.
COUVERTS RUOLZ Orfèvrerie de table.	NICOLLE, fabricant, GÉRARD, successeur, 56, avenue Montaigne.
DRAGÉES POUR BAPTÊMES Fabrique spéciale.	AUX ABEILLES D'OR 30, rue de Rambuteau.
HORLOGERIE, BIJOUTERIE	COTTE 137, boulevard Sébastopol.
JOAILLERIE, BIJOUTERIE	L. ROUVENAT, 62, rue d'Hauteville.
ORFÈVRERIE, BIJOUTERIE	DUPONCHEL 47, rue Neuve-Saint-Augustin.
PARURES DE MARIÉES	A. MAUPOIS (A LA PENSÉE). Fabr. r. du Caire, 36, succursales, r. Tronchet, 34, et boul. S.-Denis, 15.

A. BONNE et Cie, tailleurs, 12, boulevard des Capucines, maison du Grand-Hôtel.
PETIT, BLAY et Cie, chemisiers, r. Cardinal-Fesch, 15, maison des Omnibus.

MARIAGE A LA MAIRIE

Le mariage, dans l'ordre civil, produit des effets tellement graves, pour les familles de ceux qui le contractent, ainsi que pour les contractants eux-mêmes, qu'il n'y a pas lieu de s'étonner que le législateur l'ait entouré de nombreuses formalités.

En première ligne nous trouvons la publicité, condition essentielle de la validité du mariage.

Deux publications doivent être faites à huit jours d'intervalle, un jour de dimanche, devant la porte de la mairie. Ces publications et l'acte qui en est dressé énoncent les noms, prénoms, professions et domicile des Fiancés et de leurs pères et mères, la qualité de majeurs ou de mineurs des futurs époux (art. 63, Code Napoléon).

Un extrait de l'acte de publication doit rester affiché à la porte de la mairie pendant les huit jours d'intervalle de l'une à l'autre publication. Le mariage ne pourra être célébré avant le troisième jour depuis et non compris celui de la publication (art. 64).

Ces publications ne sont valables que pour une année (art. 65).

Voici la nomenclature des pièces nécessaires à la célébration du mariage :

1° Un acte de naissance (art. 70).

A défaut d'acte de naissance, un acte de notoriété.

Cet acte est délivré par le juge de paix du lieu de nais-

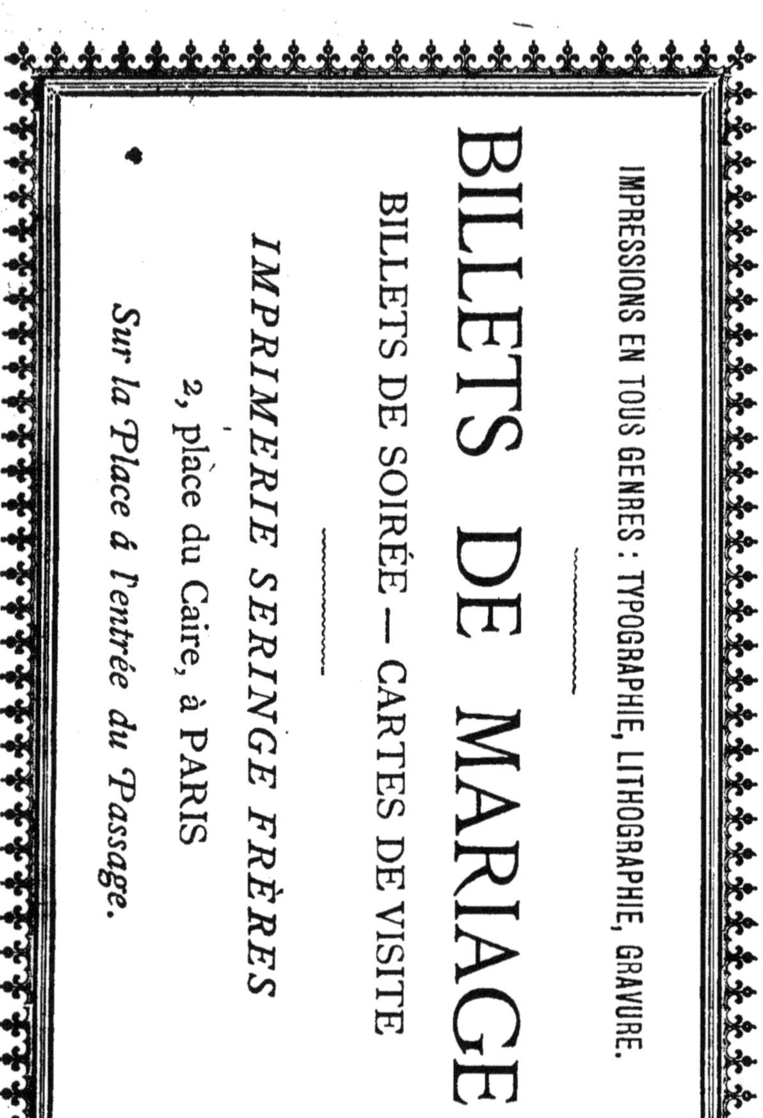
IMPRESSIONS EN TOUS GENRES : TYPOGRAPHIE, LITHOGRAPHIE, GRAVURE.
BILLETS DE MARIAGE
BILLETS DE SOIRÉE — CARTES DE VISITE
IMPRIMERIE SERINGE FRÈRES
2, place du Caire, à PARIS
Sur la Place à l'entrée du Passage.

sance du futur époux, ou par celui de son domicile. Il doit être homologué par le tribunal de première instance du lieu où doit se célébrer le mariage (art. 71-72).

2° Le consentement par acte notarié des personnes sous l'autorité desquelles l'un des futurs ou tous deux sont placés, lorsque ces personnes ne peuvent assister à la célébration.

3° Un certificat de résidence, délivré par le propriétaire de la maison que l'on habite, légalisé par le commissaire de police de son quartier, en présence de deux témoins ; et, pour les personnes qui habitent la province, par le maire de la commune.

4° En cas d'oppositions, un acte portant mainlevée desdites oppositions.

5° Un certificat attestant que le futur a satisfait à la loi sur le recrutement.

6° Un certificat de publications de bans, si les Fiancés ne demeurent pas dans la même commune.

7° Si le Fiancé appartient à l'armée de terre ou de mer, une permission du ministre de la guerre ou du ministre de la marine.

Le mariage est célébré dans la commune où l'un des deux époux aura son domicile. Ce domicile, quant au mariage, s'établit par six mois d'habitation continue dans la même commune (art. 74).

Le jour de la cérémonie, tous les parents et amis escortent les Fiancés à la mairie. Parmi eux se trouvent naturellement les quatre témoins exigés par la loi. On prend généralement pour témoins les parents les plus proches des mariés ou les personnages importants sous la protection desquels on désire se placer.

Le maire, ou, à défaut du maire, l'un des adjoints, re-

vêtu de son écharpe municipale, demande successivement aux deux Fiancés s'ils ont l'intention de se prendre pour mari et femme. A cette question, il faut répondre affirmativement, c'est-à-dire un *oui* prononcé à haute et intelligible voix. Le mot *oui* est sacramentel, c'est le seul que l'on puisse employer. Les synonymes, les locutions équivalentes ne seraient pas admises.

Cette double réponse est toujours précédée de la lecture faite par l'officier de l'état civil du chapitre VI, *Du Mariage*, et quelquefois suivie d'une courte allocution, que cet officier, inspiré par la situation, adresse aux nouveaux époux. Il leur retrace en quelques mots bien sentis la nature et l'étendue de leurs devoirs respectifs, et commente, en quelque sorte, à leur profit particulier, les textes du Code Napoléon qui retentissent encore à leurs oreilles. Ce discours, au reste, n'est pas exigé par la loi.

TARIF DU PRIX DES VOITURES
POUR MARIAGES

Une journée (2 chevaux). . . . . . . 25 fr.
— (1 cheval). 20

La journée est de 10 heures; chaque heure en plus est de 3 francs.

Le pourboire est compris dans ces prix ; mais il est d'usage d'y faire un supplément.

Le prix varie de 25 à 35 fr. pour les voitures à deux chevaux, suivant le plus ou moins de luxe qu'on ordonne et le nombre de voitures que l'on commande.

BOIS DE BOULOGNE

CAFÉ-RESTAURANT DE LA GRANDE CASCADE

MAISON DE PREMIER ORDRE

RENDEZ-VOUS DE L'ÉLITE DES NOCES

POUR LES RAFRAICHISSEMENTS ET LES COLLATIONS

SPÉCIALITÉ DE VOITURES POUR MARIAGES

MAISON DENISE

9 bis, rue Laghouat, ancienne rue Mazagran

A LACHAPELLE (18e arrondissement)

QUATRE-PLACES

Coupés

CALÈCHES

VICTORIAS

A l'heure et à la course,

Au mois et à l'année

VOITURES

A 1 ET 2 CHEVAUX

POUR MARIAGES

ET CÉRÉMONIES

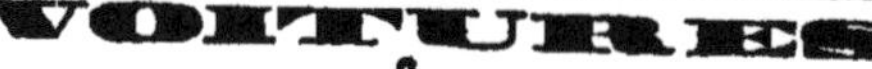

CALÈCHES

BERLINES

etc., etc.

BERWICK

37, rue de Lachapelle.
12, cité de Lachapelle.

A. BONNE et Cie, tailleurs, 12, boulevard des Capucines, maison du Grand-Hôtel.

PETIT, BLAY et Cie, chemisiers, r. Cardinal-Fesch, 15, maison des Omnibus.

MARIAGE A L'ÉGLISE

Unis désormais aux yeux de la société par un lien indissoluble, les nouveaux époux vont-ils pouvoir s'abandonner immédiatement aux sentiments d'amour qui remplissent leur âme de si douces émotions? Non : il leur reste à faire consacrer leur union par les ministres de Dieu, à faire descendre par leurs prières les bénédictions du ciel sur leurs têtes et celles de leurs enfants à venir; après le mariage à la mairie, le mariage à l'église; après le contrat, le sacrement.

Le mariage à l'église doit être précédé de trois bans, dont deux peuvent être rachetés.

Ils sont généralement publiés à la paroisse du domicile de la mariée.

Pour se marier dans une autre paroisse, il faudrait une autorisation spéciale que l'on accorde assez facilement, moyennant une rétribution pour les pauvres.

Voici les pièces à présenter :

1° Extrait de baptême.

2° Extrait de l'acte de célébration du mariage à la mairie.

3° Billet de confession.

L'obtention de cette dernière pièce éveille chez beaucoup d'hommes, profondément religieux au fond du cœur, mais peu versés dans les pratiques de la religion catholique, des répugnances et des susceptibilités qui ont droit à des ménagements. Voici, selon nous, la meilleure marche à suivre : Aller trouver un des ecclésiastiques attachés à

MAISON ARTISTIQUE

18, Rue Cardinal-Fesch — PARIS — Anc^{ne} rue Ollivier

A côté de l'Eglise Notre-Dame-de Lorette.

PIANOS-D'AUBEL

à 7 octaves, 3 cordes, barres de fer,

Prix : 900 francs.

FABRICATION DE PREMIER ORDRE

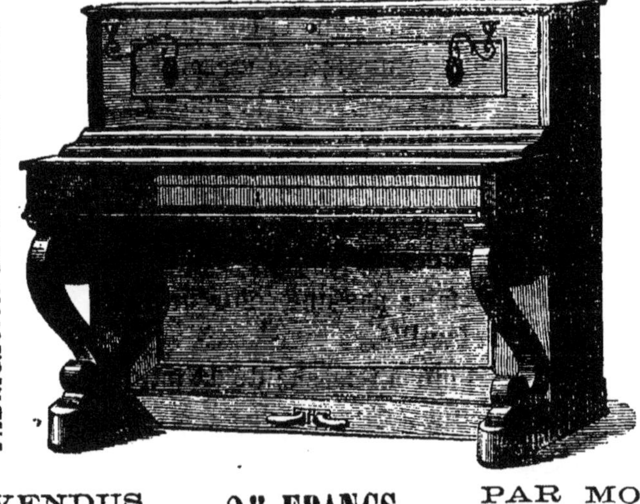

Garantis pendant cinq ans.

VENDUS à Paris **25 FRANCS** PAR MOIS au moyen d'une location de 36 mois amortissant le prix d'achat

Au comptant 15 0/0 de remise.

A. BONNE et Cie, tailleurs, 12, boulevard des Capucines, maison du Grand-Hôtel.

PETIT, BLAY et Cie, chemisiers, r. Cardinal-Fesch, 15, maison des Omnibus.

la paroisse où l'on se marie, et se livrer avec lui à une conversation édifiante : toutes les difficultés se trouveront aplanies.

Il ne faut pas oublier de se munir de la pièce de mariage et de l'anneau nuptial, si l'on ne veut éprouver aucune espèce de retard.

Il est d'habitude de se marier de dix heures à midi. Le marié et sa famille viennent chercher la mariée et les siens.

Les garçons d'honneur vont chercher les principaux invités à leur domicile.

La première voiture est occupée par la mariée, qui se place au fond à droite ; sa mère est à côté d'elle; son père et le plus proche parent occupent la banquette de devant.

La deuxième voiture est occupée par le marié et sa famille, dans le même ordre que la première.

A l'arrivée à l'église, c'est le père de la mariée qui donne la main à sa fille pour la conduire à l'autel.

Le marié donne la main à sa mère.

La mère de la mariée donne la main au père du marié.

Arrivé devant l'autel, le marié se place à la droite de sa femme.

Chaque famille se place du côté de celui qui lui appartient, soit comme parent, soit comme ami.

La quête est faite par une sœur de la mariée ou une jeune fille de la famille.

Le poêle est tenu au-dessus de la tête des époux par les deux plus jeunes garçons des deux familles, ou par les jeunes gens désignés comme garçons d'honneur.

La messe achevée, on passe dans la sacristie, en conservant le même ordre, pour y signer les actes de l'église et échanger les félicitations.

Voici l'ordre que l'on observe pour sortir de l'église :

La mariée donne la main au père du marié ou à son représentant.

Le marié donne la main à la mère de la mariée, ou à la personne qui la remplace.

La première voiture est occupée par la mariée; le marié se place à côté d'elle, et la famille du marié sur le devant.

Si les deux époux sont de religion différente, le mariage religieux sera célébré deux fois.

Il est d'usage que chacun des deux époux, respectivement, accompagne l'autre au temple où se professe sa religion.

On règle d'avance, par des stipulations spéciales, dans quelle religion seront élevés les enfants à naître. On choisit tantôt celle du père, tantôt celle de la mère; souvent même on décide que les fils seront élevés dans la religion du père, et les filles dans celle de leur mère.

L'absence de solution sur une question aussi importante pourrait entraîner plus tard de graves complications.

PRIX DES CÉRÉMONIES

Le prix des mariages varie suivant l'endroit où se trouve placée la paroisse : ainsi dans les quartiers riches, voici les prix qui ont été arrêtés par MM. les curés de Paris :

AU CHŒUR

1re classe :		500 fr.	avec orgue, chant par nos artistes les plus distingués de l'Académie impériale de Musique, éclairage brillant, ornements riches, coussins et chaises en velours frangés.
2e	—	480 fr.	avec un peu moins de luxe, mais avec chant et orgue.
3e	—	300 »	moins de luxe, ni chant ni orgue.
4e	—	200 »	Id.
5e	—	100 »	Id.

La différence des prix est dans le luxe que l'on déploie pendant la célébration.

A L'AUTEL DE LA VIERGE

Les prix varient suivant le luxe déployé ; le maximum est de 125 fr.

Le prix pour les chapelles est inférieur à 50 fr.

L'offrande ni les chaises ne sont comprises dans les prix fixés ci-dessus. L'offrande dépend du rang qu'occupent les personnes qui se marient, et surtout de leur générosité.

Les chaises se payent d'après le nombre des invités ou à forfait.

REPAS

Il est donné par la famille de la mariée.

A table la mariée est placée entre le père du marié et le sien.

Le marié est placé entre sa mère et celle de sa femme.

Les témoins doivent être le plus près possible des mariés.

Les personnages importants ou ceux à qui on veut faire les honneurs, doivent occuper une place auprès de la mariée si c'est un homme; auprès du marié si c'est une dame.

Depuis quelque temps l'usage de porter les toasts à la prospérité et à la postérité du nouveau ménage a franchi le détroit et tend à se naturaliser parmi nous; n'oublions pas que les toasts les plus courts sont les meilleurs.

2.

MENU

HORS-D'OEUVRE D'OFFICE.

Beurre.
Olives de Lucques.

Anchois.
Bouquet de crevettes.

DEUX POTAGES

Bisque d'écrevisses. Purée à la reine.
Ou Colbert aux œufs au consommé.

DEUX RELEVÉS.

Truite de fleuve sauce Genevoise ou Hollandaise.
Turbot aux quenelles ou sauce aux huîtres.

HORS-D'OEUVRE DE CUISINE.

Bouchées Salpicon aux truffes.
Croquettes de Volaille en côtelettes.

QUATRE ENTRÉES.

FROIDES. { Foie gras à la Richelieu.
Chauds froids de volaille montée.

CHAUDES. { Riz de veau croûtonnés aux pointes d'asperges.
Gigot d'agneau en surprise.

(Les sorbets avant le rôti.)

DEUX ROTIS.

Faisans flanqués de Bécasse et Ortolans.
Ou Dinde grasse à la Périgueux.
Homards à la bretonne.

DEUX GROS ENTREMETS.

Corbeilles de Nougat garnies de fruit au Candi.
Napolitain monté sur socle.
Ou Corne d'abondance.

QUATRE ENTREMETS.

Asperges de France.
Haricots verts.
Pois à la française.
Tomates facies à l'italienne.

Croustades de macaroni.
Gâteaux à l'imprévue.
Gâteaux à la fiancée.

SUITE DU MENU.

Fromages glacés ou rochers de glace.

LES DESSERTS SUIVANT LA SAISON.

SURTOUTS ET BOUTS DE TABLE.

1° De fruits. | 2° De pâtisseries.

3° De fleurs.

VINS.

ORDINAIRE.

Médoc vieux.

APRÈS LE POTAGE.

Madère ou Xérès.

AU ROTI.

Grand Margaux et Madère, Xérès.

A L'ENTREMETS.

Chambertin ou Romanée.

AU DESSERT.

Champagne frappé.

VINS DE DESSERT.

Muscatelle d'Espagne.

Café et liqueurs fines.

Le menu est imprimé sur la carte qui indique la place de chaque personne.

CORBEILLE

Quel cœur de jeune fille n'a pas battu à ce mot magique qui résume en lui toutes les splendeurs du mariage —CORBEILLE! c'est-à-dire bijoux, cachemires de l'Inde, manchon de martre, soieries, etc., toutes les richesses, toutes les élégances, toutes les satisfactions de l'amour-propre féminin sont renfermées dans ce merveilleux substantif qui jette plus de feux qu'un diamant de la plus belle eau.

La composition d'une corbeille de mariage est une opération très-délicate. Elle exige une grande finesse de goût pour le choix des objets qui doivent y figurer, une certaine perspicacité d'esprit pour discerner si ces objets sont bien appropriés aux goûts de la personne que l'on prend pour compagne.

Nous croyons devoir terminer cet Indicateur par la liste des objets de différente valeur qui peuvent figurer dans la corbeille et dans le trousseau.

La corbeille de mariage est offerte par le fiancé. Le choix des cadeaux qui la composent varie suivant la volonté ou la position et le goût des futurs époux : voici quelques renseignements sur le choix des objets qu'on peut y faire entrer.

Corbeille de 25,000 francs.

Une corbeille.	300
Pièce de mariage et anneau.	25
Livre de mariage.	300
Robe d'application dentelles.	1,500
Volants dentelles.	2,500
Robes en pièce.	1,200
Voilettes noires et blanches.	400
Châle de dentelle noire.	900
Cachemire de l'Inde long	2,500
Cachemire de l'Inde carré	1,400
Crêpes de Chine.	400
Pardessus velours garni. . . . . } Fourrures et manchon. . . . . }	1,800
Deux douzaines de gants longs.	95
Trois douzaines de gants courts.	100
Six mouchoirs batiste brodés.	600
Rubans en pièces.	95
Bijouterie, joaillerie, orfévrerie	10,000
Petits meubles, boules palissandre, table en marqueterie, fleurs, éventail, pantoufles, ombrelles blanches ou dentelle, etc.	885
	25,000

Corbeille de 15,000 francs.

Une corbeille.	250
Pièce de mariage et anneau.	25
Livre de mariage.	130
Robe d'application dentelles.	1,100
Volants dentelles.	1,000
Robes en pièce.	800
Voilettes noires et blanches.	300
Châle de dentelle noire.	700
Cachemire de l'Inde long	1,800
Cachemire de l'Inde carré	800
Crêpes de Chine.	300
Pardessus de velours garni . . . . / Fourrures et manchon.	1,600
Deux douzaines de gants longs	95
Trois douzaines de gants courts.	100
Six mouchoirs batiste brodés.	300
Rubans en pièces.	50
Bijouterie, joaillerie, orfévrerie.	5,000
Petits meubles, boules palissandre, table en marqueterie, fleurs, éventail, pantoufles, ombrelles blanches ou dentelle, etc.	650
	15,000

A. BONNE et Cie, tailleurs, 12, boulevard des Capucines, maison du Grand-Hôtel.

PETIT, BLAY et Cie, chemisiers, r. Cardinal-Fesch, 15, maison des Omnibus.

Corbeille de 7,000 francs.

Une corbeille.	200
Pièce de mariage et anneau	25
Livre de mariage.	100
Volants dentelles	900
Robes en pièce.	750
Voilettes noires et blanches	250
Cachemire de l'Inde long.	850
Cachemire de l'Inde carré.	700
Crêpes de Chine.	300
Deux douzaines de gants longs	95
Trois douzaines de gants courts.	75
Six mouchoirs batiste brodés.	200
Rubans en pièces.	55
Bijouterie, joaillerie, orfévrerie.	2,000
Petits meubles, boules palissandre, table en marqueterie, fleurs, éventail, pantoufles, ombrelles blanches ou dentelle, etc.	500
	7,000

TROUSSEAU

Le trousseau est fourni par la famille de la Fiancée.

Cinq douzaines chemises toile.
Deux d° d° de nuit, garnies.
Une douzaine de camisoles.
Une demi-douzaine de camisoles brodées et garnies.
Une demi-douzaine de peignoirs unis.
Une demi-douzaine peignoirs brodés et garnis.
Deux douzaines de jupons en percale.
Trois douzaines mouchoirs à chiffres brodés.
Trois d° d° variés.
Une d° d° brodés et garnis.
Deux d° fichus mousseline pour la nuit.
Une d° manches variées.
Une d° pantalons garnis.
Deux pelotes brodées.
Six cols simples du matin.
Douze cols en dentelles.
Six robes de dessus.
Robes du matin.
Robes de visite.
Quatre douzaines paires de bas en coton.
Deux douzaines paires de bas fil d'Écosse unis.
Six d° d° à jour.
Deux d° d° brodés.
Deux d° fil d'Angleterre.
Un bonnet point d'Angleterre.
Deux d° d° à rubans.
Chaussures fines et mi-fines.
Service de linge pour la table.
Serviettes, tabliers, torchons, etc.
Draps de maître et taies d'oreillers.
Draps de domestiques.

11, rue de la Paix

A LA SUBLIME-PORTE

SPÉCIALITÉ DE

MOUCHOIRS

L^s. CHAPRON

FOURNISSEUR DE SA MAJESTÉ L'IMPÉRATRICE

MAISON A LONDRES

144, New-Bond street

A. BONNE et Cie, tailleurs, 12, boulevard des Capucines, maison du Grand-Hôtel.
PETIT, BLAY et Cie, chemisiers, r. Cardinal-Fesch, 15, maison des Omnibus.

TOILETTES

DE MARIAGE

MODES POUR DAMES

Quel beau jour que celui du mariage!... comme tout est frais, comme tout est rose, comme tout sourit autour de soi!... le cœur, trop plein d'émotions et de bonheur, éprouve des attendrissements infinis. Il est heureux, et pourtant il ressent des terreurs d'enfant; pourquoi?... Le sait-il lui-même?... Mais ne va-t-on pas bientôt s'appeler *Madame*?... Ne va-t-on pas quitter l'aile maternelle, où l'on s'est abritée et réchauffée tant de fois?... Ne va-t-on pas dire adieu à cette petite chambre de jeune fille où se sont éveillées les premières joies et les premières sensations?... Ne va-t-on pas entrer dans un monde nouveau dont on s'est tracé si souvent un tableau enchanteur?... Voilà pourquoi l'on tremble... voilà pourquoi l'on verse de douces larmes!...

Pourtant, ne craignez rien, jeune et belle fiancée!... l'hymen vous ouvre les portes du bonheur... A vous désormais les honneurs et les hommages du monde!... A vous les merveilles de la mode et de la toilette; car du

moment qu'on va vous appeler *Madame*, il faut que vous appreniez les secrets de la coquetterie.

Mais c'est un vilain péché que vous voulez nous faire commettre, me diront toutes les jeunes fiancées avec un certain effroi.

Nullement; il y a coquetterie et coquetterie.

La coquetterie chaste et honnête qui se pare et qui s'embellit pour le foyer de la maison, et qui cherche à plaire au cœur qu'elle veut rendre éternellement fidèle.

Cette coquetterie-là est permise à la jeune épouse, qui doit savoir varier ses toilettes, pour ne pas avoir une beauté uniforme et journalière.

Que ses chapeaux soient capricieux, mais que son esprit ne le soit jamais, et elle apprendra ce que vaut le bonheur.

Mais comment devenir coquette, et comment passer tout d'un coup de la modestie de la jeune fille à la grâce charmante de la jeune femme qui se métamorphose de violette timide en rose élégante?

Rien n'est plus facile : il ne s'agit que d'écouter mes conseils; vraiment oui, je suis aussi savante que cela.

Je vais donc vous dire toutes les toilettes qui doivent présider au mariage, à partir du contrat, jusqu'aux toilettes de ville.

Si les toilettes que je désignerai ne sont pas du goût de mes lectrices, j'espère bien qu'elles les modifieront en raison de leur beauté et de leur fantaisie.

Avant de consulter l'opinion des autres en fait de toilette, il faut d'abord se regarder dans son miroir.

Une femme sait toujours ce qui lui sied et ce qui l'embellit.

Et si son miroir venait à lui mentir, elle n'a qu'à consulter une rivale, et à prendre toutes les toilettes opposées de forme et de coloris que sa rivale lui conseillera.

A LA VÉNITIENNE

Rue de la Chaussée d'Antin, 62

MAISON
DE
MERCERIE ET LINGERIE

DROUSSANT Jeune

Trousseaux

PASSEMENTERIE

RUBANS

SOIERIES

FLEURS

DENTELLES

Voiles de Mariées

GANTERIE

EN TOUS GENRES

Cravates et Fantaisies

Layettes

LINGE CONFECTIONNÉ

Linge sur mesure

PARURES

JUPONS A RESSORTS

CORSETS

JUPONS PARDESSUS

Vêtements confectionnés

ARTICLES D'ENFANTS

tout faits et sur mesure

TROUSSEAUX ET LAYETTES

SALON D'ESSAI

Maison connue pour le bon marché et la qualité de ses produits se chargeant de toutes les Commandes.

A. BONNE et Cie, tailleurs, 12, boulevard des Capucines, maison du Grand-Hôtel.

PETIT, BLAY et Cie, chemisiers, r. Cardinal-Fesch, 15, maison des Omnibus.

Moi qui ne suis pas une rivale, mais une amie sincère et dévouée, écoutez-moi très-sérieusement :

La toilette de contrat doit être plus ou moins luxueuse, en raison de la position sociale qu'on occupe.

Très-souvent, dans les grandes familles, un bal suit la signature du contrat.

Une robe de taffetas rose glacé, bouillonnée sur le bas par des flots de tulle, capitonnée de petits bouquets de roses. Par-dessus, une charmante tunique empire également couverte d'un voile de tulle et fermée sur le côté par une traînée de jolies petites roses.

Dispensez-vous de tous bijoux, une simple touffe de roses posées au milieu des cheveux est pour le moment préférable... En serez-vous plus laide ?...

Les yeux de votre fiancé vous diront que non, et tous vos amis rassemblés s'écrieront : La charmante enfant !... comme elle est belle et modeste !...

Un ruban ou cordon d'or peut suspendre à votre cou un médaillon gravant votre chiffre en perles fines; à vos oreilles des boutons également en perles fines.

Si vous préférez remplacer la toilette rose par une toilette blanche en myosotis, vous pourrez avoir les mêmes bijoux en turquoise, ils continuent à avoir leur règne.

Le soir, en vous couchant, vous rêverez de votre toilette de mariage, et, le lendemain, en vous réveillant, vous continuerez le conte de fées que vous aurez commencé en dormant.

Quant à la toilette de la mariée, je dois dire que la dentelle certainement conservera toujours son privilége. La robe doit être en faille ou satin... La première jupe est très-longue : le bas de cette jupe bouillonné de tulle et recouvert d'un volant de dentelle, produit un effet char-

nœud de rubans ou velours, ou encore par une agrafe de passementerie... Le corsage montant est ouvert devant à la Louis XV, ou forme gilet mousquetaire, avec manches à coude ornées très-haut par un bouillonné ou des biais et nœud derrière pareils à ceux des côtés.

L'on fait encore une robe de visite avec un joli volant sur le bas de la première jupe, qui doit être longue. Le volant doit être surmonté d'une jolie ruche ou chicorée avec cœur de satin; une jolie tunique ornée de volants de dentelle complète la toilette. Les dentelles doivent être disposées de manière à former le corsage Watteau en remontant dans le dos; les manches de forme Louis XV font toujours très-bien.

La robe Henri III a une jupe en biais, très-large vers le bas, et gracieusement montée en pointe sur les hanches, au moyen de quelques plis creux. De chaque côté de la jupe, ondule en tablier une draperie de taffetas, tuyautée de rubans et de dentelle noire, qui continue en galerie vers le bas de la jupe. Au milieu du tablier de jupe s'échelonnent trois larges nœuds de ruban à pans garnis de dentelle. Le corsage est plat, à ceinture, et délicatement ouvert en cœur. On encadre l'ouverture d'un ruché de tarlatane blanche et de dentelle noire. A partir des épaules prend un tuyauté qui indique audacieusement les contours de la poitrine et qui s'arrête sous un nœud de rubans. Le même nœud se répète à la ceinture. Les manches sont demi-larges, à coude, ouvertes de côté, avec tuyauté de rubans et de dentelle entourant l'ouverture. Un nœud de rubans arrête le tuyauté. Un jocket Médicis, tout à fait de l'époque, décore le haut de cette manche, qui ne ressemble à aucune autre manche. On peut remplacer la dentelle noire par de l'application

d'Angleterre, selon qu'on porte un châle de Chantilly, ou une mantille Pompadour en dentelle d'Angleterre.

Si j'ai décrit cette robe Henri III, c'est qu'elle date d'hier et qu'elle a un grand cachet de nouveauté; mais on peut la remplacer par une robe de taffetas vert faite à la Louis XV, c'est-à-dire à double jupe, avec une série de petits volants découpés dans le bas de la première jupe, et une tunique bordée d'une galerie de petits volants s'ouvrant en tablier et s'arrondissant de côté. A la place des petits volants découpés, on peut mettre de grosses ruches à la vieille.

Je vous répète que je ne suis pas exclusive, et que la plus belle de toutes les modes est celle qui rend jolie.

Le cachemire de l'Inde, qui semblait avoir été un peu délaissé, reprend le dessus, et une corbeille n'est pas complète, si le cachemire y manque.

Le chapeau doit être en harmonie avec la toilette. Le chapeau blanc n'est pas de toute rigueur, et l'on fait actuellement de charmants poufs de plumes avec une aigrette presque toujours blanche qui sied à ravir.

Un chapeau avec de l'or ?

Pourquoi pas? elle ose tout, lorsqu'elle a le talent de tout réussir.

Le chapeau est en paille de riz et tulle avec pouf de roses blanches d'un côté retenues par des cordes d'or; tout autour de la calotte, petite guirlande de roses blanches attachées avec des nœuds de corde d'or. Dans l'intérieur, bouquet de roses blanches, bavolet de blonde et brides blanches.

N'est-ce pas que ce chapeau est charmant ?...

Et cet autre plus simple, mais non moins coquet, destiné également à une jeune mariée, dites-moi ce que vous en pensez?

Il est en paille de riz, avec pouf de plumes posé sur la tête. Dans l'intérieur de la passe, bandeau de lilas blanc, brides blanches, bavolet de blonde.

La valencienne redevient une des nécessités d'un trousseau soigné; on porte aussi beaucoup de parures en malines; mais ce qui, avant tout, est indispensable comme complément d'une toilette soignée et élégante, c'est une parure en point d'Alençon.

Les parures se font toutes de linge et dentelle; on en a complétement supprimé tous les nœuds de rubans.

Les bottines à talons Louis XV en étoffe assorties à la toilette sont toujours indispensables.

Mais quand on est veuve, me dira-t-on, comment se marier?... On ne peut plus porter la blanche toilette nuptiale.

Ne suis-je pas là pour vous tirer d'embarras?...

Mettez une robe gris mode, jupe très-longue garnie d'un riche effilé assorti, aux grosses chicorées, cœur de crêpe ou de satin. Disposez vos volants en tunique formant plateau ou mantille Louis XV, corsage garni carré, gros crevé à l'entournure. Si c'est l'été, vos dentelles doivent être disposées de manière à vous éviter toute confusion; si c'est l'hiver, un cachemire de l'Inde est indispensable. Votre chapeau doit être une touffe de plumes, au milieu desquelles est posée une fleur en diadème.

Pour le soir, quittez votre robe grise et prenez, si vous êtes brune, une robe de satin blanc. Le bas de la jupe doit être très-bouillonné de tulle; la tunique toute en satin bordée d'un large velours rouge; la tunique ouverte de côté doit être retenue par un gros bouillonné de tulle encadré de velours rouge, et se rattache par des branches d'œillet ou grenade.

MODES POUR DAMES

BIJOUTIER, HORLOGER	**AUX FIANCÉS** 16, rue Turbigo.
BOUQUETS DE MARIÉES	**ABOT** 52, r. Billault, faub. St-Honoré.
COIFFEUR Spécialité pour Mariées. Bals et soirées.	**BRAULT**, Sr de **SEIGNEUR** 54, r. Jacob.
CHAUSSURES POUR DAMES	**J. A. PETIT** 334, rue Saint-Honoré.
NOUVEAUTÉS	**AUX DEUX MAGOTS** rue de Buci et rue de Seine. **A LA VILLE DE SAINT-DENIS** 91, 93 et 95, faubourg Saint-Denis.
PASSEMENTERIE Articles pour Modes.	**A. CARTRON** 194, rue Saint-Honoré.
ROBES DE MARIÉES	**Mon CARPENTIER** 38, rue de Richelieu.
TROUSSEAUX, BRODERIES	**BERTHE BLART** 18, rue Saint-Roch.

MODES POUR HOMMES

CHAPELIER	**TURELLE** 1 et 1 bis, boulev. Saint-Denis.
CHEMISIER	**PERDRIGET** 17, rue de la Chaussée-d'Antin.
CHAUSSURES POUR HOMMES	**FAVETIER** 21, rue Neuve-Saint-Augustin.
TAILLEUR	**MAIGNANT** 332, rue St-Martin (près la Porte).

A. BONNE et Cie, tailleurs, 12, boulevard des Capucines, maison du Grand-Hôtel.

PETIT, BLAY et Cie, chemisiers, r. Cardinal-Fesch, 15, maison des Omnibus.

Il y a des blondes à qui les couleurs décidées vont très-bien. Dans le cas contraire, faites la même toilette. Mettez au bord de la tunique de satin un gros bouillonné de tulle, capitonnez le tout de camélia naturel blanc rose; dans vos cheveux un simple camélia posé sur le côté, dans le cas où vous mettriez une agrafe de diamants au milieu.

Je ne puis nécessairement qu'indiquer sommairement toutes les diverses toilettes de mariage, qui varient en raison de la position et du goût, pour le décor et pour l'ornement, mais qui doivent cependant être suivies pour le fond de la toilette.

Je sais aussi que bon nombre de dames sont très-embarrassées pour leur toilette quand elles doivent assister à un mariage, et qu'elles sont en deuil et demi-deuil.

Certes, il ne faut pas quitter le deuil que l'on porte, mais on peut lui donner plus de luxe et plus d'élégance, tout en le respectant et en l'honorant.

Pour une toilette de deuil la grenadine est ce qu'il y a de préférable ou la gaze de Chambéry. La toilette doit être toute d'étoffe pareille; si le deuil n'est pas trop récent, on peut remplacer la confection par un des mille fichus ou bachiques formés par des volants de dentelles et retenus par des nœuds de rubans de taffetas.

La toilette de demi-deuil admet davantage la fantaisie.

Elle se reproduit soit en gris perle, en blanc et noir, en violet, en gris et violet, en noir et violet.

La toilette de demi-deuil doit être d'un gris noir ou violet uni, garni de nuance assortie, ton sur ton, ou de volant de dentelle avec même confection dont nous avons parlé plus haut.

A[TE] FIZAINE

FABRICANT D'ORFÈVRERIE EN ARGENT

30, boulevard de Strasbourg, 30

PARIS

Mention honorable

1867

FABRIQUE SPÉCIALEMENT LE SERVICE DE TABLE

TEL QUE HUILIERS, SUCRIERS, BOUTS DE TABLE, ETC. ASSORTIMENT DE THÉS DE TOUTES FORMES ET DE TOUTES GRANDEURS

SPÉCIALITÉ POUR LES OBJETS DE FANTAISIE

Encriers, Pots à eau, Porte-cure-dents, Porte-cigares, Girandoles, Corbeilles, etc., toute la vaisselle en général, et le couvert

---

COMMISSION ET EXPORTATION POUR TOUS PAYS

A. BONNE et Cie, tailleurs, 12, boulevard des Capucines, maison du Grand-Hôtel.

PETIT, BLAY et Cie, chemisiers, r. Cardinal-Fesch, 15, maison des Omnibus.

Le chapeau doit être tout en dentelle avec aigrettes de plume.

J'aurais désiré m'étendre sur quelques toilettes de ville, mais le *Guide des familles, Cadeau de mariage,* n'est pas un journal de modes ; il se contente d'être un indicateur très-complet et très-intelligent de toutes les formalités que le mariage exige.

Je vous renvoie donc à ma petite *Gazette Rose*, qui pourra compléter, après votre mariage, les premiers renseignements de coquetterie que le *Guide des familles, Cadeau de mariage,* vous aura donnés, et qui vous auront initiées, belles et charmantes jeunes filles, aux mystères de la coquetterie élégante et de la toilette distinguée et de bonne compagnie.

VICOMTESSE DE RENNEVILLE

TOILETTES
DE MARIAGE

MODES POUR HOMMES

Nous venons de nous étendre longuement sur les toilettes de la fiancée, et on a compris à quel point cela était nécessaire ; pour elle, en effet, chaque caractère de toilette est obligatoire selon sa destination, selon la cérémonie particulière à laquelle il est destiné : signature du contrat, mariage à la mairie, à l'Eglise, repas, bal, visites, etc..... C'est presque, pour les dames, une question d'étiquette *rigoureuse*.

Pour le marié, la chose est bien simplifiée : l'habit noir, le pantalon noir et le gilet blanc, voilà la toilette universelle. Avec cela, un homme peut être très-bien ou très-mal mis ; cela dépend du choix d'un tailleur, d'un bottier, et surtout d'un chemisier. En effet, quand le costume en arrive à cette simplicité, la coupe et le goût des habits, la finesse du linge constituent la seule supériorité possible.

BAL DE NOCES.

Le bal est le plus grand prestige de la beauté. C'est là que s'établissent les réputations d'élégance, et que la femme commande en souveraine. Mais si le bal fait valoir les perfections et les grâces, il est très-souvent l'écueil de ces mêmes perfections et de ces mêmes grâces.

Beaucoup de femmes s'imaginent pouvoir adopter telle ou telle coupe de robe de bal, parce que la mode l'a mise à l'ordre du jour. C'est là une très-grande erreur. Il faut s'habiller selon sa nature.

Établissons une comparaison;

Les comparaisons sont la sagesse de la mode :

Une jeune femme est mince et frêle comme un roseau; c'est une liane, pour parler le langage de la poésie. Une autre, au contraire, digne du ciseau de Praxitèle, a des formes modèles et rondes. Sa taille est un peu forte, quoique gracieuse. Pensez-vous que la robe qui siérait admirablement à la jeune femme svelte irait par hasard à la statue de Praxitèle?... Du tout. La toilette n'est pas absolue, mais bien relative. Je ne saurais trop répéter cette maxime vraie, aux jeunes femmes qui veulent être jolies au bal.

Il y a aussi des femmes qui n'ont plus vingt ans, et qui n'en sont pour cela que plus belles, qui ont la faiblesse de s'habiller en jeunes filles à marier.

Par cela même qu'elles n'ont rien d'ensemble dans leur toilette, et que l'élégance est heurtée, elles ne sont pas élégantes.

Restons ce que nous sommes, et choisissons surtout

FABRIQUE DE BRONZES

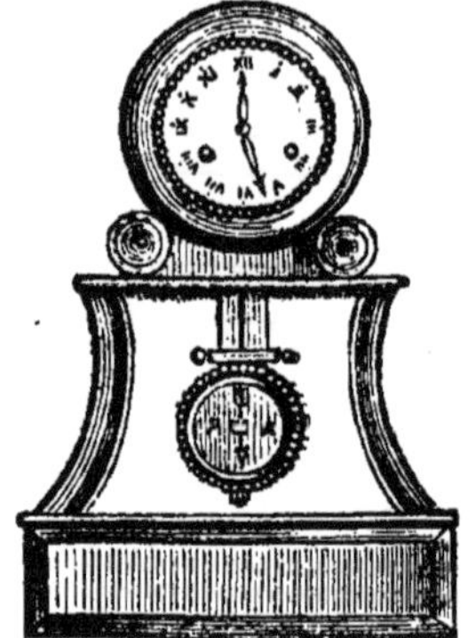

A. MARETTE

26, Rue Cadet

AU COIN DE LA RUE LAFAYETTE

PENDULES

CANDÉLABRES, FLAMBEAUX

Garnitures de Foyer

SUSPENSIONS ET LAMPES

LUSTRES

COUPES, FANTAISIES

FABRIQUE AU MARAIS

COMMISSION —— **EXPORTATION**

A. **BONNE** et Cie, tailleurs, 12, boulevard des Capucines, maison du Grand-Hôtel.

PETIT, BLAY et Cie, chemisiers, r. Cardinal-Fesch, 15, maison des Omnibus.

le costume qui convient à notre physionomie et à notre tournure.

Une femme tant soit peu volumineuse, s'enveloppant d'une toilette soufflée de volants et de flots de tulle, ne sera jamais poétique ni vaporeuse, quoi qu'elle fasse, — tandis que si elle met une robe un peu lourde, qui tombe bien, sa beauté se dessinera dans toute sa splendeur et deviendra élégante.

La femme très-maigre, qui découvre par trop ses épaules, commet également une grande hérésie de coquetterie. Elle doit se draper avec une écharpe de tulle, qui l'encadre coquettement dans une auréole de distinction et de poésie. Au bal, tout se remarque et tout se retient. Une inconséquence en fait de toilette, perd une femme. Il faut que tout soit irréprochable, et cependant, avec une toilette bien comprise et bien étudiée, on obtient, même avec de la simplicité, une admiration sincère.

Ce qui doit préoccuper une jeune femme, quand elle organise une toilette de bal, c'est l'harmonie des nuances.

Il faut surtout qu'elle évite avec soin les couleurs heurtées. L'opposition ne produit jamais rien de gracieux.

Il ne faut pas croire que la robe fasse la femme, et lui donne une certaine valeur, ni une certaine importance.

Que de robes, qui ont de grands airs d'élégance, et qui sont déclassées et mal portées!...

Je place avant l'éclat tapageur de la toilette la simplicité de bonne compagnie, qui se révèle comme la violette.

Malheureusement, quelques belles dames s'imaginent que plus on les regarde, plus on les trouve charmantes. Elles sont enchantées de produire beaucoup d'effet..... bien souvent à leurs dépens.

C'est surtout en province que le bon goût a besoin d'être propagé.

Décorations françaises et étrangères.

Rubans et rosettes militaires.

26, FAUBOURG SAINT-MARTIN

GIROD-BRUCY

HORLOGER-BIJOUTIER

Insignes pour tous les compagnonnages

ACCORDS POUR MARIAGES

SPÉCIALITÉ DE CORAIL

SPÉCIALITÉ DE PARURES

COLLIERS, ETC., POUR CORBEILLES

DEFOY ET CIE

13, rue de la Chaussée-d'Antin, 13

PARIS

BEAUTÉ DES DAMES

EAU DE FLEURS DE LYS

DE VME PLANCHAIS ET RIET

BREVETÉ S. G. D. G.

Pour rafraîchir le teint, blanchir et adoucir la peau, et faire disparaître les taches de rousseur

ACTUELLEMENT RUE DE CAUMARTIN, 43

Seule fabrique de véritable EAU DE FLEURS DE LYS

BONNE et Cie, tailleurs, 12, boulevard des Capucines, maison du Grand-Hôtel.

PETIT, BLAY et Cie, chemisiers, r. Cardinal-Fesch, 15, maison des Omnibus.

Toute provinciale qui n'a jamais quitté sa petite ville s'en rapporte au journal de modes qu'elle reçoit. Or, si le journal est mal rédigé, sans goût, la jolie provinciale manque de goût, à moins qu'elle n'ait le sentiment inné de la toilette.

Il y a des femmes qui naissent *duchesse* et *impératrice*, au fond d'une province. Nul ne leur a appris le secret de cette dignité de maintien et de marche, qui tient plutôt de la déesse que de la femme. Leur taille est souple et élancée, tout en ayant le moelleux et la rondeur des nymphes de Pradier. Elles ont le charme, comme la fleur a le parfum.

D'autres, au contraire, sont guindées et prétentieuses, et prennent au sérieux les toilettes ballonnées et leurs gravures de modes, qui leur font porter des cordons de sonnettes en guise de brandebourgs et de passementerie.

Ne vous offensez pas de ma critique; elle est affectueuse et désintéressée.

D'ailleurs, nous allons chiffonner ensemble quelques toilettes de bal, et vous choisirez celle qui vous embellira.

La mode est au clinquant et aux parures lamées or et argent.

Je préfère les fleurs et les robes de crêpe et de tulle, bouillonnées en flots capricieux.

Mais, comme la mode est mon autocrate souveraine, je dois publier ses décrets, quitte à en médire.

Les chroniqueuses ne valent pas mieux que les hommes de cour.

Au dernier bal des Tuileries, madame la princesse de Mett...,. avait une robe de tulle blanc, bouillonnée seulement vers le bas de la jupe. Dans les flots de tulle scintillaient des étoiles d'argent tremblotantes, suspendues à

COMPAGNIE DES APPAREILS DE CHAUFFAGE MOUSSERON

17, Rue Saint-Gilles (Marais), Paris

Méd. d'argent

Soc. d'encourage.
1864

Méd. d'argent

Orléans 1853

Méd. de Nice

1865

Exp. universelle

1867

PLUS DE FUMÉE, PLUS DE CHALEUR PERDUE. Foyers pour Cheminées, Poêles et Calorifères. — Les appareils Mousseron se placent dans toutes les cheminées sans aucune modification aux choses existantes. Le tarif (30 fr. et au-dessus) est adressé franco avec tous les renseignements aux personnes qui en font la demande. — GARANTIE SUR FACTURE.

CHARBON DES MÉNAGES

SANS ODEUR NI FUMÉE

le plus économique des charbons artificiels

CHARBON de BOIS, CHARBON de TERRE, MONS et CHARLEROY

COKE et TOURBE

CAMILLE **BARD** et Cie.

97, rue de Charonne, et Bd. du Prince Eugène, 174

A. BONNE et Cie, tailleurs, 12, boulevard des Capucines, maison du Grand-Hôtel.

PETIT, BLAY et Cie, chemisiers, r. Cardinal-Fesch, 15, maison des Omnibus.

un fil. Sur cette robe de tulle tombait une tunique de moire blanche, bordée d'une blonde d'argent. Cette toilette était bien luxueuse. Elle exigeait le concours d'un diadème et d'une parure en diamants. Je mets en parallèle — Une toilette rose en tulle, n'ayant qu'une seule jupe reproduite avec des bouillons gradués, séparés par des rouleaux de taffetas rose. Cette fraîche robe rose décrit l'éventail, parce que la jupe est taillée en biais. Le corsage a une berthe bouillonnée avec un bouquet de roses de Bengale, laissant flotter des feuillages naturels. La coiffure se compose d'une couronne de roses, toute ronde, avec nœud de feuillage dans le cou.

A mon point de vue, la toilette rose est bien plus jeune que la toilette aux étoiles d'argent. Qu'en pensez-vous? Tant qu'une femme a pour elle la grâce, la fraîcheur et la jeunesse, je l'engage à ne pas s'affubler avec des oripeaux d'or.

— Eh quoi! me dira-t-on, êtes-vous à ce point l'ennemie de l'or, et de tout ce qui brille?...

— Oui et non.

Il y a un âge où la femme est obligée de se parer comme une châsse, parce qu'on respecte généralement les idoles. Position oblige souvent. La vanité quelquefois l'emporte sur le goût et sur le sentiment de la toilette; mais quand on peut s'affranchir d'un luxe onéreux et écrasant, pourquoi ne pas rester jeune femme et jeune fille?....

Je m'adresse principalement aux jeunes filles, qui choisissent pour le bal de grandes toilettes de *Madame*.

Si j'osais, je leur dirais :

« Mes chères petites, prenez garde. — L'éducation que vous recevez aujourd'hui est bien pernicieuse et bien dangereuse. Ce n'était pas ainsi de notre temps. On nous enseignait : la simplicité, la modestie, l'amour de Dieu et

les devoirs de la famille. — On ne nous affublait pas en poupées à la mode, et nous n'en étions pas moins fraîches ni moins jolies. « Nous savions que pour plaire il fallait être instruite, bonne, gracieuse, aimable, et que les succès que nous obtenions ne venaient pas de nos coiffures ébouriffées ni de nos robes à volants. — Où est le temps de la simple robe de mousseline blanche, de la ceinture à rubans flottants, et du bandeau à la Vierge?...

Le luxe de la toilette a tout sapé et tout envahi. — Les jeunes filles ne sont plus jeunes filles, et plus d'une jeune femme se coiffe en *turco* et en *zouave* pour aller au Théâtre-Italien. Ce turban et cette toque à aigrettes leur donnent un petit air méchant et courroucé. — Pourquoi ne préfèrent-elles pas une couronne de muguet, tombant en grappes de perles fines; une couronne d'œillets frisés et découpés; — une couronne de lilas de serre; — ou bien une couronne de grosses reines-marguerites blanches, poudrées d'une rosée diamantée. — Dieu a fait les fleurs pour les femmes et les turbans pour les Turcs et les Maures.

Une femme vraiment élégante ne porte jamais, pour aller au bal, que des fleurs naturelles. — Elle ne doit faire dans un salon qu'une très-courte apparition, laissant derrière elle un parfum poétique et idéal, qu'on respire comme un charmant souvenir. — Je connais une très-jolie Parisienne qui s'habille tous les hivers en robe de tarlatane. Ce qu'elle a de toilettes de tarlatane recouverte soit de volants découpés, soit de volants de dentelle d'Angleterre, ne peut se dire. — Quelques femmes, jalouses et envieuses, prétendent que c'est toujours la même toilette, mais c'est une calomnie, car chaque robe est toujours fraîche, et la tarlatane vit ce que vivent les roses.

Sur une robe blanche, toutes les fleurs, quelles qu'elles soient, sont admissibles...

BEURRE A LA MINUTE

BARATTE

l'Expéditive

Brevetée

S. G. D. G.

BARATTE

l'Expéditive

Brevetée

S. G. D. G.

Cette nouvelle Baratte est extrêmement simple, très-solide, et exige peu de force : c'est un vase cylindrique à fond plat, en fer battu étamé à l'étain pur, dans lequel on place une tige verticale munie d'agitateurs. Cette tige repose sur un pivot au fond du vase; on la met en mouvement au moyen de cordons qui s'enroulent alternativement sur la double poulie qui y est fixée. Comme on le voit, rien de plus simple : pas de mécanisme qui puisse se déranger, pas de mauvaises odeurs, pas de moisissures. Cette Baratte est donc très-hygiénique et de longue durée.

Avec l'*Expéditive* on obtient le beurre plus facilement et plus vite que par tous les autres procédés. L'agitation produite dans le liquide, lait ou crème, est telle qu'en quelques instants ses molécules se décomposent et les parties grasses s'agglomèrent et surnagent : dès lors le beurre est fait, et se trouve d'aussi bonne qualité que celui obtenu avec les meilleurs autres systèmes. Les agitations peuvent varier depuis les soubresauts les plus violents jusqu'aux mouvements les plus doux.

PRIX :

L'appareil complet d'un litre, 5 fr.; de 2 litres, 8 fr.; de 5 litres, 12 fr.; de 10 litres, 18 fr.; de 20 litres, 28 fr.; de 35 litres, 38 fr.; de 50 litres, 46 fr.; de 75 litres, 55 fr.; de 100 litres, 65 fr.

AGNUS Aîné, Inventeur

Breveté de l'Académie et Membre du Comice agricole de l'arrondissement de Mirecourt (Vosges).

A PARIS, quai Saint-Michel, 21.

REMISE AU COMMERCE.

A. BONNE et Cie, tailleurs, 12, boulevard des Capucines, maison du Grand-Hôtel.

PETIT. BLAY et Cie, chemisiers, r. Cardinal-Fesch, 15, maison des Omnibus.

Le noir et le blanc étant deux nuances abstraites, se prêtent plus complaisamment aux caprices de la fantaisie. — Ces deux nuances entièrement discordantes, ont un rapprochement singulier. — Ainsi les fleurs qui vont sur le blanc vont également sur le noir, telles que les roses, les fleurs des champs, les grappes de fleurs rouges, les feuillages teintés, les fleurs jaunes, les fleurs violettes. — Sur une robe rose, j'aime le jasmin, la clématite, la bruyère ou le camélia blanc; de même que sur une robe bleue, les liserons, les pâquerettes, les roses blanches, et les *ne-m'oubliez-pas*, me semblent des fleurs délicieuses.

Pour compléter cette théorie sur le bal, je vous présente quatre toilettes inédites, et deux sorties de bal, appelées à un succès de femmes élégantes.

La première est une robe *Jardinière*, toute en tulle blanc bouillonné, sur transparent de taffetas blanc, avec bouquets de fleurs variées, parsemées dans les flots de tulle.

La seconde est une robe *Naïade* en tulle vert d'eau, sur dessous de taffetas blanc, décorée d'algues marines.

La troisième est une robe *Fée Blanche*, en satin blanc, recouverte de tulle illusion, parsemée d'étoiles d'or.

La quatrième est une robe *Belle-Rose*, toute empanachée et toute poudrée de marabouts roses.

Les corsages de ces quatre robes se font à pointe ou à ceinture bouclée ou flottante. Les ceintures bouclées sont retenues par des agrafes byzantines de *Gueyton*, qui a renouvelé également la mode des ceintures d'or.

Quant aux deux sorties de bal : l'une s'appelle *Tcherkess*, et l'autre *Trouvère*.

Le *Tcherkess* vient en droite ligne de Circassie. Il est reproduit en peluche blanche rayée, très-ample, avec manches circassiennes, et il a pour décor un large galon de velours noir, brodé d'arabesques d'or, garni de frange lama.

PRIX DES PLACES DANS LES THÉÂTRES

DÉSIGNATION DES PLACES	OPÉRA	FRANÇAIS	OPÉRA-COMIQUE	ITALIENS	ODÉON	LYRIQUE	CHATELET	GYMNASE	VAUDEVILLE	VARIÉTÉS	PALAIS-ROYAL	PORTE-ST-MARTIN	AMBIGU	GAÎTÉ
Places	1800	1500	1800	1700	1700	1750	3500	1200	1800	1240	1000	1800	1900	1000
Avant-Scènes des premièr.	12 »	10 »	8 »	18 »	8 »	8 »	10 »	8 »	6 »	8 »	6 »	10 »	6 »	6 »
— des secondes.	8 »	» »	5 »	12 »	3 »	4 »	» »	» »	» »	» »	4 »	6 »	2 50	» »
Stalles d'orchestre. . . .	10 »	6 »	4 »	10 »	» »	» »	4 »	» »	» »	» »	» »	» »	3 »	3 »
Premières loges de face. .	12 »	8 »	8 »	» »	6 »	6 »	» »	8 »	6 »	5 »	6 »	7 »	6 »	6 »
— de côté .	8 »	» »	» »	» »	5 »	» »	» »	» »	6 »	» »	» »	7 »	5 »	» »
Deuxièmes loges de face .	8 »	6 »	7 »	» »	3 »	» »	6 »	5 »	4 »	4 »	4 »	4 50	2 50	» »
— de côté .	7 »	4 »	5 »	9 »	2 »	» »	» »	4 »	3 »	2 50	» »	3 »	2 50	» »
Troisièmes loges de face.	6 »	3 50	2 »	7 »	» »	» »	» »	» »	2 »	» »	» »	» »	» »	» »
— de côté.	4 »	3 »	1 50	» »	» »	» »	» »	2 »	2 »	» »	2 »	» »	» »	» »
Baignoires.	10 »	7 »	6 »	» »	4 »	5 »	4 »	5 »	5 »	6 »	4 »	7 »	4 »	4 »
Avant-Scèn. du rez-de-ch.	» »	» »	» »	» »	8 »	8 »	» »	8 »	6 »	8 »	» »	10 »	6 »	6 »
Fauteuils de balcon . . .	» »	7 »	8 »	18 »	4 »	6 »	5 »	7 »	» »	5 »	6 »	7 »	2 50	» »
Fauteuils d'orchestre. . .	10 »	» »	7 »	18 »	5 »	5 »	5 »	7 »	5 »	5 »	6 »	6 »	5 »	5 »
Fauteuils 1re galerie. . .	» »	» »	» »	» »	4 »	» »	» »	7 »	5 »	5 »	» »	» »	3 »	5 »
Parterre.	5 »	2 50	2 50	6 »	2 »	2 »	2 »	2 50	» »	2 50	2 »	» »	1 50	2 »
Deuxième galerie	» »	3 »	3 »	» »	2 50	2 »	» »	» »	» »	» »	3 »	4 50	1 50	3 »
Troisième galerie	» »	2 »	» »	» »	1 »	» »	» »	» »	» »	2 »	2 »	1 50	1 »	2 »

Les bureaux de location sont ouverts depuis 11 heures du matin jusqu'à 4 heures du soir.

Le *Trouvère* est un cachemire blanc, encadré d'une bande de velours bleu ciel, rehaussée de losanges de satin blanc lisérés d'or. Sur l'épaule droite tombe un nœud de trois aiguillettes en velours bleu et en torsade d'or.

La toilette de bal se permet encore d'être cavalière et militaire. Les élégantes, qui osent tout, portent des vestes chamarrées d'or, avec des épaulettes et des aiguillettes de pierreries.

Palsemdieu!... quand on prend des galons, on ne saurait trop en prendre, et on est *général*, ou on ne l'est pas, dans le régiment d'extravagance où l'on s'est enrôlée.

Mais de toutes les toilettes de bal, une surtout doit mériter une étude toute spéciale dans la physiologie que nous esquissons aujourd'hui. C'est *la toilette de bal de mariage*. Presque toutes les jeunes filles fiancées ont cette sainte superstition de ne pas quitter la robe d'hyménée, qui vient de les consacrer *madame*. — On fait donc généralement deux corsages à la robe de mariage, l'un montant pour la cérémonie, l'autre décolleté pour le bal. Le bal des fiançailles a lieu le soir du contrat ou de la bénédiction nuptiale.

Lorsqu'un mariage se contracte dans un très-grand monde, on prend deux salons pour exposer le trousseau, et tous les cadeaux offerts par les parents et les amis, à l'occasion de la corbeille. — Trois autres salons sont convertis en salles de bal. — L'orchestre des musiciens disparaît sous un massif de fleurs et de verdure; de confortables et splendides buffets sont dressés dans une salle à manger, et toutes les cheminées sont décorées en jardinières. — Dans un autre monde, plus simple et plus bourgeois, on danse au piano quand le salon est assez grand pour rassembler toute la famille et tous les invités. — Sinon, on donne le bal *aux trois Frères Provençaux* ou chez *Ravel*.

Les invitations ne se font plus par lettres, comme autrefois, mais sur de grandes cartes en papier porcelaine. — La suscription est des plus simples : — *M. et M*me *** *prient M. et M*me *de leur faire l'honneur de venir passer la soirée chez eux, le...... à dix heures, à l'occasion du mariage de leur fils* ou *de leur fille. On dansera.*

Bien que ce soit la mère de la fiancée qui fasse encore tous les honneurs de son salon, la jeune mariée doit également s'occuper gracieusement de tous les invités, afin de leur prouver qu'elle abdique ce soir-là son titre de *demoiselle,* et qu'elle commence *son rôle de femme :* n'est-elle pas, d'ailleurs, la Reine du bal, et n'a-t-elle pas une cour d'honneur?...

C'est le père de la mariée qui ouvre le bal avec sa fille, quand il est encore en âge de danser et de figurer dans le monde. — Le quadrille de la mariée est composé des plus proches parents.

En province surtout, on respecte toutes ces convenances de la famille, et jamais on ne s'affranchit de la rigorité d'un devoir.

Peut-être tous ces détails paraissent-ils puérils, et me dira-t-on : « Nous en savons autant et plus que vous, madame la chroniqueuse. »

Je n'en ai jamais douté, mais ma mission est de tout dire, quitte à ne rien apprendre de nouveau.

Nous renvoyons plus loin à *la Lune de Miel.*

VICOMTESSE DE RENNEVILLE.

PLAN D

COURBEVOIE

PUTEAUX

NEUILLY

MONUMENTS

1 Palais des Tuileries
2 Palais du Louvre
3 Palais Royal
4 Palais de Justice
5 Palais de l'Institut
6 Palais Corps Législatif
7 Palais de la Bourse
8 Palais Luxembourg
9 Ministère de la Guerre
10 Ministère de la Marine
11 Halles Centrales
12 Halle aux Vins

14 Hôtel des Invalides
15 Hôtel de Ville
16 Hôtel de la Douane
17 Place de la Concorde
18 Place Vendôme
19 Place de la Bastille
20 Eglise Notre Dame
21 Eglise de la Madeleine
22 Eglise St. Sulpice
23 Eglise St. Augustin
24 Eglise de la Trinité
25 Panthéon

26 Val de Grâce
27 Ecole Militaire
28 Observatoire
29 Opéra
30 Embre de l'Ouest (r. d.)
31 Embre du Nord
32 Embre de Strasbourg
33 Embre de l'Ouest (r. g.)
34 Embre de Sceaux et Orsay
35 Embre d'Orléans
36 Embre de Lyon
37 Embre de Vincennes

PARIS

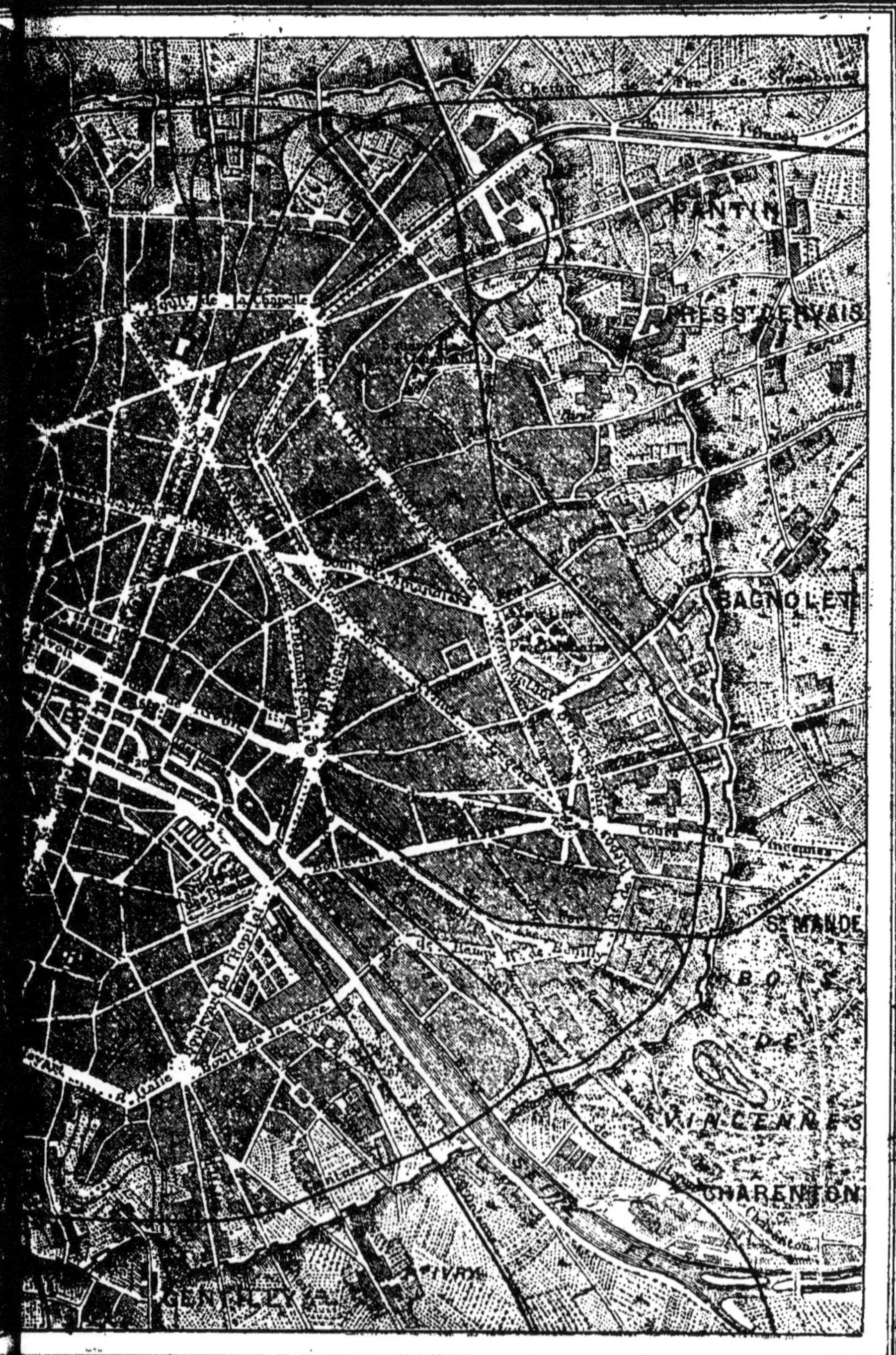

LA LUNE DE MIEL.

Rien que ce mot de lune de miel fait épanouir le cœur et les souvenirs. Ah! la blonde et douce lune d'amour, la poétique et rêveuse lune d'hyménée!... Jamais elle ne se lève dans un ciel sombre, surchargé de nuages. Elle resplendit, au contraire, dans un horizon toujours bleu, parsemé des étoiles de l'espérance. La lune de miel a souvent plusieurs phases, mais aucun astronome n'a pu en fixer la durée. — On n'a même jamais dit que la lune de miel fût éternelle, parce qu'étant éclairée par le cœur, le caprice lui sert parfois de corps opaque.

Quand commence la lune de miel?... Aussitôt que le mariage est accompli. Les deux jeunes cœurs qui viennent de se lier ne forment qu'un. — Le monde disparaît pour eux. — Et la vie et le bonheur se résument dans un regard, dans une pression de main, dans un sourire. Qu'importent aux jeunes fiancés les félicitations d'une foule toujours empressée, indiscrète et curieuse?... Ce qu'ils veulent, c'est la solitude et le recueillement, afin de pouvoir se retrouver dans toute la plénitude de leurs rêves et de leur idéale tendresse. — Ils ont besoin de causer avec la nature, et de remercier Dieu, dans une muette contemplation, de la joie incommensurable qui inonde et parfume leur âme.

Rêves charmants et purs des premières impressions de l'amour, jamais vous ne vous effacez de la mémoire ni du souvenir!... Les années jettent au vent les feuilles desséchées de vos fleurs radieuses, mais le parfum reste toujours frais et pur, et rien qu'en évoquant les ombres du passé, les fleurs reverdissent et s'épanouissent encore!...

Il est donc d'usage dans le grand-monde, aussitôt que la bénédiction nuptiale a eu lieu, de dire *adieu au monde*, et de se sauver à tire-d'aile, comme deux colombes effarouchées, avides de liberté et d'amour.

C'est le soir du contrat que se donne maintenant le bal des fiançailles...

Où va-t-on?...

Le voyage diffère en raison de la position sociale, de l'endroit qu'on habite, et des goûts et des sentiments des jeunes époux.

Les fiancés de province viennent se perdre dans Paris, dans cette Babylone des arts, où tout les captive et les intéresse : les monuments, les musées, les théâtres et les promenades.

Ils aiment à parcourir le bois de Boulogne, et à s'égarer dans *le Pré Catelan*, qui leur représente un petit coin perdu du paradis terrestre...

Voyez-les passer...

Personne ne vous dit que ce jeune couple, si gracieux, savoure la lune de miel, — mais vous le pressentez à l'éclat de ses regards, à sa démarche toute fière, et à l'égoïsme de bonheur qui se traduit dans chacun de ses actes.

Ils ne sont que deux dans ce *Pré Catelan*, dont ils ont fait la conquête. — Tout leur appartient, — le monde, l'avenir, le ciel bleu, le soleil d'or, les arbres, et les fleurs.

Au théâtre, leurs impressions sont les mêmes. — Si une scène d'infidélité les épouvante, ils se rapprochent bien vite pour se dire : « *nous nous aimerons toujours.* »

Ceux qui connaissent Paris, ou qui préfèrent le silence de la nature aux orages et aux tourmentes de la grande ville, vont rêver et aimer sur les bords de la mer, et cherchent dans l'*Hôtel de la Plage*, à *Dieppe*, un coquet et mystérieux petit nid.

Rien ne captive plus l'imagination et la pensée que la

plage merveilleuse de Dieppe. — Devant soi, les côtes de l'Angleterre perdues dans les brumes de la mer. — A droite, le Tréport, et son petit village groupé comme une boîte de joujoux d'*Alphonse Giroux*. — A gauche, le phare du cap d'Ailly, s'illuminant, le soir, comme une gigantesque étoile, tantôt pourpre, tantôt reproduisant le prisme solaire...

A quoi songe-t-on quand on est appuyé sur la jetée de Dieppe, et qu'on laisse errer ses pensées dans le ballottement des vagues?.... A l'éternité!...

L'homme le plus athée et le plus incrédule est obligé de se soumettre. — Comment nier une volonté suprême en entendant le bruissement sourd et profond de la mer, en voyant bondir et écumer les vagues qui dépassent les limites qui leur sont assignées, et en apercevant, au milieu des flots, de pauvres petites barques de pêcheurs à la merci de la Providence, et sous la sauvegarde de Dieu?

L'émotion le gagne peu à peu. Il suit avec anxiété ces frêles esquifs jusqu'à ce qu'ils soient rentrés au port. — La contemplation est bonne à l'âme. — Plus elle dégage le corps, plus elle purifie la pensée.

Alors, on se prend d'amour pour cette belle et majestueuse mer dont on ne connaît ni les caprices ni les colères. — On veut se confier à elle, et centupler ses émotions.

Allons à Londres, par *New-Haven!* s'écrient les jeunes épousés. — Le vapeur chauffe; — la mer est calme. — De *Dieppe* à *New-Haven*, ce n'est qu'une traversée de quelques heures, un véritable train de plaisir. — A *New-Haven* nous ferons une halte et nous reviendrons par Londres.

Et voilà le jeune couple amoureux sur le pont du navire. — Ils saluent d'un dernier regard l'*Hôtel de la Plage*. — Le vapeur se balance et sillonne les vagues, en laissant derrière lui un beau panache de fumée qui s'envole en tourbillons grisâtres...

La mer n'accapare pas exclusivement tous les nouveaux mariés. — L'Italie, l'Allemagne et la Suisse ont bien leurs adorateurs...

La jeune femme artiste demande à voir l'Italie. Le jeune homme intrépide et bouillant veut parcourir les glaciers de la Suisse, pour montrer à sa bien-aimée comme il est brave, et comme il saurait la défendre en cas de danger.

Partons d'abord en Suisse! s'écrie-t-on d'un commun accord, nous terminerons notre voyage par Gênes, Milan, Florence, Venise.

On arrive à Genève, si fière de son beau lac aux flots d'émeraude.

Les environs de Genève sont délicieux. Ce sont de fraîches pastorales de Gessler et de Florian, ou des Géorgiques de Virgile, soit qu'on parcoure Genève en voiture, ou qu'on se promène sur son lac. Toutes les propriétés bordées par le lac de Genève sont autant de beaux contes des *Mille et une Nuits*. Je me souviens d'avoir visité, au grand Saconay, le château de M. Favre, d'où l'on découvre un panorama des plus pittoresques. Le lac de Genève s'étend à vos pieds avec une nonchalance de sultane, et laisse couler doucement ses belles eaux se déroulant en rubans de moire. Dans le lointain, les eaux du lac, la chaîne des Alpes et le ciel se confondent dans l'immensité. On croirait que le monde s'arrête là. Vis-à-vis se groupe la ville de Genève, avec ses clochers dorés et argentés, et ses toits vénitiens coquettement dessinés au milieu des chalets historiques du pays. Derrière Genève, c'est le pic du Môle, s'avançant en aiguille dans la nue, et semblant indiquer le plateau du Mont-Blanc, qui s'arrondit en dômes et en cascades de neige...

Cet admirable tableau m'a tellement impressionnée, qu'au bout de deux années je m'en souviens comme si je le voyais encore.

Une fois à Genève, on veut voir la Savoie, et cette sauvage vallée de Chamouni, célébrée par le chevalier de Florian dans l'un de ses contes.

Quand on arrive à Chamouni, on éprouve comme une espèce de vertige. Où est-on?... Est-ce le chaos universel?... Le torrent de l'Arve, qui se précipite des glaciers de l'Arveyron, parcourt toute la vallée en bonds capricieux et en flots d'écume. La mer n'est pas plus agitée ni plus furieuse dans ses jours de tourmente. De quelque côté qu'on regarde, l'âme est prise d'une sublime terreur.

On ne voit que montagnes de neige, mers de glace, gouffres, précipices et rochers suspendus aux flancs des pics les plus escarpés.

Jamais je n'oublierai un coucher de soleil se mirant dans le mont Blanc et s'y reflétant. On eût dit du Vésuve avec toutes ses aiguilles de feu. A mesure que la nuit se faisait calme, belle et silencieuse, le mont Blanc se détachait en teintes pourprées, et semblait si près de moi, qu'il me semblait que j'allais le toucher du bout du doigt.

Ces voyages aux glaciers de la Suisse se font pendant la saison d'été. L'hiver, on va à Nice et en Italie.

Mais comment s'habiller, me dira-t-on, pour plaire, tout le temps du voyage, à son mari et à la lune de miel? La toilette de voyage doit être très-simple, mais de très-bon goût. En été, elle se compose d'une robe grisaille, bordée de velours noir, avec grande basquine formant seconde jupe; d'un chapeau rond, genre Impératrice, ayant de côté un bouquet de plumes de coq, retenu par un gros nœud de velours, et d'un burnous de laine légère, qui sert d'abri contre le soleil et le froid.

Il faut nécessairement avoir dans sa malle trois ou quatre toilettes riches et luxueuses : une robe noire, une robe blanche et deux robes de fantaisie, avec des chapeaux assortis.

La toilette d'hiver est plus confortable et plus sérieuse. On la fait actuellement en velours épinglé, laine pointillée, ou en beau mérinos paturle, aussi fin et aussi velouté que du cachemire. Les voyageuses très-élégantes ont un chapeau rond en feutre ou en velours; mais, généralement, les belles jeunes femmes préfèrent la capote piquée avec fond mou et souple. Les gants avec revers protégeant le poignet, et les bottes de peau et de velours sont également indispensables.

Eh quoi ! la mode nous met des bottes, comme à l'ogre du Petit Poucet et à monsieur Bastien, que nous n'avons pas l'honneur de connaître !...

Ne craignez rien, charmantes fiancées, vos petits pieds n'en souffriront pas, car ce sont des bottes de Cendrillon. Les bottes en velours sont bordées de fourrure, et les bottes de peau sont lacées sur le cou-de-pied, dans le style écossais.

Si je pouvais m'étendre davantage sur les modes nouvelles, je vous en dirais bien d'autres au sujet des fantaisies artistiques qui ont la vogue en ce moment.

Une coquetterie savante et honnête, loin de nuire à la *lune de miel*, ne fait qu'en prolonger la durée.

Il est, par conséquent, utile de vous abonner à un *Journal de Modes* qui ait le respect des convenances et des toilettes de bonne compagnie.

Tout naturellement, je vous recommande ma petite *Gazette Rose*, qui a rencontré, depuis ses débuts, tant de sympathie et tant de bienveillance : c'est un journal écrit au point de vue de toutes les classes de la société, et de la moralité la plus scrupuleuse.

Une mère peut en permettre la lecture à sa fille.

VICOMTESSE DE RENNEVILLE.

MINISTÈRES.

MINISTÈRE DE LA MAISON DE L'EMPEREUR ET DES BEAUX-ARTS, *palais des Tuileries, place du Carrousel.* C'est à ce ministère qu'on doit adresser la demande de permission pour visiter les palais et établissements impériaux.

MINISTÈRE D'ÉTAT, *palais du Louvre, place du Palais-Royal.*

MINISTÈRE DE LA JUSTICE ET DES CULTES, *place Vendôme*, 13; bureaux, *rue de Luxembourg*, 36 (légalisation de midi à 2 heures).

MINISTÈRE DES AFFAIRES ÉTRANGÈRES, *rue de l'Université*, 130, *et quai d'Orsay* (passe-ports et légalisations, jours non fériés, de 11 à 4 heures).

MINISTÈRE DE L'AGRICULTURE, DU COMMERCE ET DES TRAVAUX PUBLICS, *rue Saint-Dominique-Saint-Germain*, 62 et 64; Agriculture, *rue de Varennes*, 78 *bis*.

MINISTÈRE DES FINANCES, *rue de Rivoli*, 48 (de 10 à 4 heures).

MINISTÈRE DE LA GUERRE, *rue Saint-Dominique-Saint-Germain*, 90, bureaux, *même rue*, 86 et 88. (Le public est admis à la section de l'enregistrement, et renseignement, mercredi de 2 à 5 heures.)

MINISTÈRE DE L'INSTRUCTION PUBLIQUE, *rue de Grenelle-Saint-Germain*, 110 (jeudi de 2 à 4 heures).

MINISTÈRE DE L'INTÉRIEUR, *place Beauveau*; secrétariat, administration départementale et communale, *rue Ville-l'Evêque*, 41; prisons, *rue de Grenelle-Saint-Germain*, 99; sûreté publique, imprimerie, librairie, *quai des Orfèvres*, 26; comptabilité, télégraphie, *rue de Grenelle-Saint-Germain*, 103.

MINISTÈRE DE LA MARINE ET DES COLONIES, *Rue Royale Saint-Honoré*, 2 (renseignements, mardi, jeudi, samedi, de 1 à 3 heures).

Les Ministres et leurs Secrétaires généraux accordent des audiences particulières sur demande écrite indiquant l'objet.

SÉNAT, *Palais du Luxembourg, rue de Vaugirard*, 19.

CORPS LÉGISLATIF, *au Palais-Bourbon, Rue de l'Université*, 126.

CONSEIL D'ÉTAT, *Rue de Lille*, 62, *et quai d'Orsay*.

LÉGION D'HONNEUR, *Grande Chancellerie, Rue de Lille*, 64.

AMBASSADES, LÉGATIONS

CONSULATS ÉTRANGERS

AUTRICHE, Ambassade, *Rue de Grenelle-Saint-Germain*, 101. De 1 à 3 h. — Vsa, 5 fr.; légalisation, 6 fr.

BADE, Légation. *Rue Blanche*, 62, de 1 heure à 3 heures. —Visa français, 5 fr.; étranger, prix divers.

BAVIÈRE, Légation. *Rue de Grenelle-Saint-Germain*, 107, de 1 à 3 heures. — Visa français 5 fr.; bavarois, gratis.

BELGIQUE, Ambassade, *Faubourg Saint-Honoré*, 153, de midi à 2 heures et demie.

BRÉSIL, Légation. *Rue Abattucci*, 106. De midi à 3 h. — Visa gratis.

BRUNSWICK, Légation, *Rue de Penthièvre*, 19.

CHILI, Légation, *Rue Saint-Georges*, 35. De 10 à 2 heures. — Visa, 5 fr.; légalisation, 10 fr.

COSTA-RICA, Consulat général. *Place de la Bourse*, 4. De 9 à 11 h. et de 3 à 5 h. — Visa gratis.

CONFÉDÉRATION ARGENTINE, *Rue Saint-Georges*, 23. De 1 heure à 3 heures. — Visa, 5 fr.

DANEMARK, Légation, *Rue de l'Université*, 37. De 1 à 3 heures. — Visa gratis.

ÉQUATEUR, Légation. *Avenue Matignon*, 17.

ESPAGNE, Ambassade, *Quai d'Orsay*, 25. De 1 à 3 heures. — Visa gratis.

ÉTATS ROMAINS, Nonciature, *Rue de l'Université*, 69. De 11 à 1 heure. — Visa, 3 fr.; légalisation, 5 fr.

ÉTATS-UNIS D'AMÉRIQUE, Légation, *Rue Cardinal-Fesch*, 55. De midi à 2 h. — Visa gratis.

GRANDE-BRETAGNE, Ambassade, *Rue du Faubourg Saint-Honoré*, 39. De 11 à 2 heures. — Visa gratis.

GRÈCE, Consulat général, *Rue de Richelieu*, 110. De 10 heures à midi. — Visa, 1 fr. 35 c. pour les nationaux.

GUATEMALA, Légation, *Rue Neuve-des-Mathurins*, 102. De 1 heure à 3 heures.

HAITI, chargé d'affaires, *Rue de l'Arcade*, 20. De 11 à 2 heures. — Visa gratis.

HANOVRE, légation, *Rue Marignan*, 14. Les bureaux, *Rue de Penthièvre*, 10, sont ouverts de 1 à 3 heures. — Légalisation, 6 fr.

HESSE GRAND-DUCALE, légation, *Rue Baubourg*, 40. De 11 à 2 heures.

HESSE ÉLECTORALE, légation, *Rue de Turin*, 13. De 8 à 10 heures. — Visa français, 5 fr.; étranger gratis.

ROYAUME D'ITALIE, légation, *Av. des Champs-Elysées*, 9, *au Rond-Point*. De 11 à 2 heures. — Visa, 1re classe, 4 fr.; 2e, 2 fr.

MECKLEMBOURG-SCHWERIN ET MECKLEMBOURG-STRELITZ, légation, *Rue du Marché d'Aguesseau*, 18. De 11 heures à 1 heure. — Visa gratis.
MEXIQUE, légation, *rue Roquépine*, 9. De 12 à 4 heures. — Visa français et étranger, 5 fr.; Mexicain, gratis.
NICARAGUA, légation, *Rue de la Ville-l'Evêque*, 38.
NOUVELLE-GRENADE, légation, *Rue Neuve-des-Mathurins*, 102.
PARAGUAY, légation, *Avenue des Champs-Elysées*, 93. — Visa de 1 à 4 h.
PAYS-BAS ET NASSAU, légation, *Rue Presbourg*, 15. De 11 heures à 2 heures. — Visa, 2 fr. — Légalisation, 1 fr.
PÉROU, légation, *Avenue de Friedland*, 19. De 2 à 4 heures.
PERSE, consul général, *Rue Saint-Honoré*, 372. Passe-ports de 11 heures à 1 heure.
PORTUGAL, légation, *Rue de Presbourg*, 6. De midi à 1 heure. — Visa français, 5 fr.; étranger gratis.
PRUSSE, ambassade, *Rue de Lille* 78. De midi à 1 heure et demie. — Visa français, 5 fr.
RUSSIE, ambassade, *Rue de Grenelle-Saint-Germain*, 79. De midi à 2 heures. — Visa, 2 fr. — Visa français, 2 fr.
SAXE ROYALE, légation, *Rue de Courcelles*, 29. De 1 à 3 heures. — Visa français, 5 fr.; étranger, gratis.
SUÈDE ET NORWÉGE, légation, *Avenue Montaigne*, 51. De midi à 2 h. — Légalisation gratis.
SUISSE, légation, *Rue Blanche*, 3. De 10 à 3 heures.
HONDURAS, légation, *Rue de la Pelouse (Avenue de l'Impératrice)*, 2. De 10 à 12 heures et de 4 à 6 heures. — Visa, 5 fr.
SAXE-COBOURG-GOTHA, légation, *Rue Saint-Lazare*, 92. De midi à 2 heures.
TURQUIE, ambassade, *Rue de Presbourg*, 10. Visa de 1 à 3 heures. gratis.
RÉPUBLIQUE ARGENTINE, légation, *Rue de Berlin*, 3. Visa de 1 à 3 h.
RÉPUBLIQUE DE VENEZUELA, légation, *Rue Fontaine-St-Georges*, 28. De 11 à 2 heures. — Visa, prix divers.
VILLES LIBRES, légation, *Rue Matignon*, 8. De 10 à 2 heures. — Visa gratis.
WURTEMBERG, légation, *Rue de la Ferme-des-Mathurins*, 18. De 11 à 1 heure. — Visa gratis.

MÈMORIAL
DE LA FAMILLE

DATE DU MARIAGE :

NAISSANCE DU PREMIER ENFANT :

SES NOM ET PRÉNOMS.

NAISSANCE DU DEUXIÈME ENFANT :

SES NOM ET PRÉNOMS.

CIRCONSTANCES FORMANT ÉPOQUE DANS LA VIE DE FAMILLE :

St-Cloud. — Imp. Ve Belin.

www.ingramcontent.com/pod-product-compliance
Ingram Content Group UK Ltd.
Pitfield, Milton Keynes, MK11 3LW, UK
UKHW021821190726
13853UKWH00003B/1112

9 782329 568652